curiosidad por

NETFLIX

POR RACHEL GRACK

AMICUS LEARNING

¿Qué te causa

2023
PERMIT REPLY MAIL
FIRST-CLASS MAIL PERMIT PAID BY NETFLIX
POSTAGE HAS BEEN PREPAID BY ADDRESSEE
Nearest Netflix Shipping Facility
PO Box 4658
Trenton NJ 08650-4658

curiosidad?

Curious About es una publicación de
Amicus Learning, un sello de Amicus
P.O. Box 227, Mankato, MN 56002
www.amicuspublishing.us

Editores: Ana Brauer y Grace Cain
Diseñadora de la serie: Kathleen Petelinsek
Diseñadora del libro e investigadora fotográfica: Sara Hood

Library of Congress Cataloging-in-Publication Data
Names: Koestler-Grack, Rachel A., 1973– author.
Title: Curiosidad por Netflix / by Rachel Grack.
Other titles: Curious about Netflix. Spanish
Description: Mankato, MN: Amicus Learning, an imprint of Amicus, [2026] | Series: Curiosidad por las marcas favoritas | Includes index. | Audience term: Children | Audience: Ages 6–9 | Audience: Grades 2–3 | Summary: "When did Netflix become a streaming service? Spark elementary readers' curiosity about the entertainment brand's history, original movies and TV shows, and cultural impact with insightful questions and well-researched answers. Translated into North American Spanish. Includes table of contents, glossary, and index"— Provided by publisher.
Identifiers: LCCN 2024052095 (print) | LCCN 2024052096 (ebook) | ISBN 9798892006927 (library binding) | ISBN 9798892007528 (paperback) | ISBN 9798892008129 (ebook)
Subjects: LCSH: Netflix (Firm)—Juvenile literature. | Streaming Video—Juvenile literature. | Application software—Juvenile literature.
Classification: LCC HD9697.V544 N484518 2026 (print) | LCC HD9697.V544 (ebook) | DDC 384.55/5406573—dc23/eng/20250105
LC record available at https://lccn.loc.gov/2024052095
LC ebook record available at https://lccn.loc.gov/2024052096

Créditos fotográficos: Alamy Stock Photo/American Pictorial Collection, 18, BFA, 14 (bottom), dpa picture alliance, 6, FlixPix, 15 (top), Lifestyle pictures, 2, 15 (bottom), Pictorial Press, 14 (top); Getty Images/AJ_Watt, 11 (top), FG Trade, 13, Jupiterimages, 8, somethingway, 11 (bottom), Victor J. Blue/Bloomberg, 8; Netflix/unknown, 5, 12, 17; Shutterstock/Diego Thomazini, cover, 1, Here Now, 2, 7, 8, Ink Drop, 3, 20–21, Jolanda Aalbers, 9, karen roach, 8, patat, 4–5, Soho A Studio, cover, 1; The Noun Project/Adrien Coquet, 19, arista septiana dewi, 22, Claire Moody, 19, Davindraaja, 19, erifqizeicon, 23, Luiz Carvalho, 19, naomi argi, 22, SBTS, 23

Impreso en India

CAPÍTULO UNO

¿Netflix es el servicio de streaming más importante?

Netflix tiene muchas series y películas para toda la familia.

¡Sí! Más de 280 millones de personas tienen una cuenta. Netflix es un servicio de **streaming** que distribuye todo tipo de entretenimiento **a demanda**. Se pueden mirar series y películas en cualquier momento y lugar. Lo único que se necesita es una suscripción.

¿Cuándo comenzó Netflix?

A Reed Hastings se le ocurrió la idea de Netflix en 1997.

En 1997. En ese entonces, la gente alquilaba **DVD** en una tienda. Devolvían las películas uno o dos días después. Reed Hastings una vez pagó un cargo de $40 por devolver tarde una película. Esto lo inspiró a crear Netflix, una tienda de películas en línea. Su amigo Marc Randolph lo ayudó a construir el sitio.

Netflix envió su primer DVD en marzo de 1998. Era *Beetlejuice*.

¿SABÍAS QUE...?

Netflix enviaba sus DVD en sobres rojos. El color indicaba que había algo emocionante adentro.

¿Cómo funcionaba?

La gente pagaba un arancel mensual. Escogían las películas que querían mirar. Podían alquilar tres a la vez. Netflix les enviaba los DVD directo a la puerta. La gente los enviaba de vuelta después de ver las películas. Netflix enviaba la siguiente película de la lista en cuanto se devolvía un DVD.

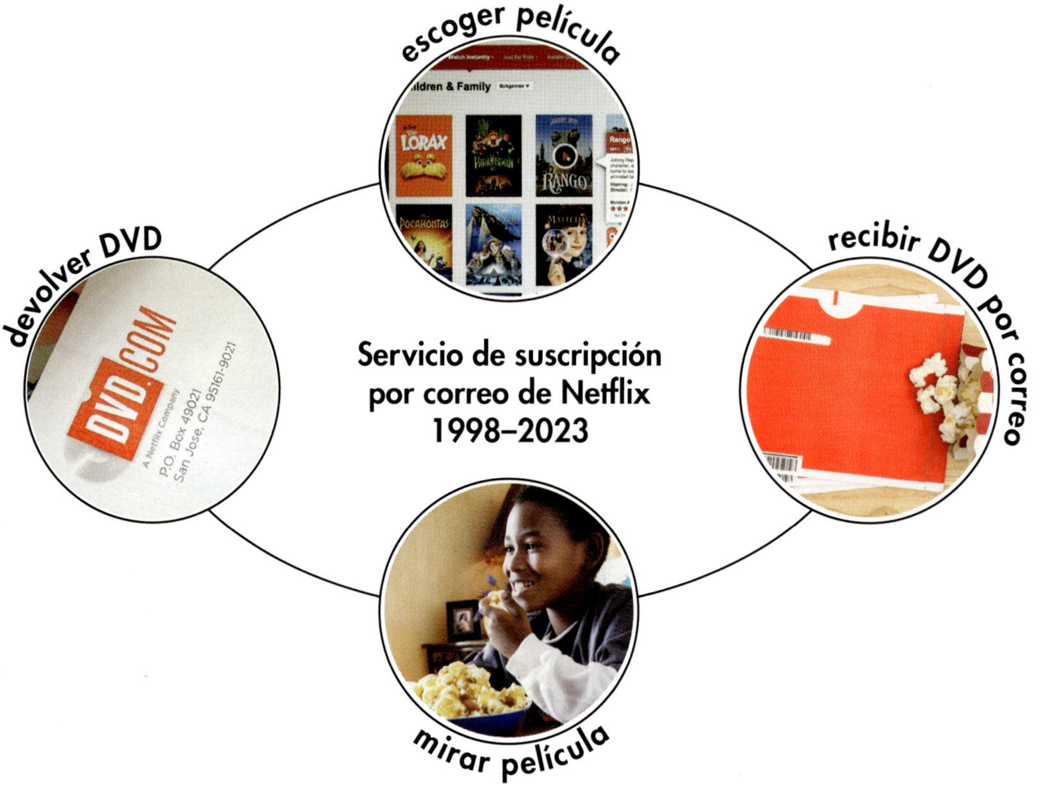

¿SABÍAS QUE...?

El servicio de envíos de Netflix eliminólos cargos por devolución tardía. Los usuarios solo necesitaban devolver el DVD que tenían para recibir uno nuevo.

Netflix despachó más de 5000 millones de DVD a lo largo de 25 años.

CAPÍTULO DOS

¿Cómo funciona Netflix hoy?

Puedes acceder al contenido desde casi cualquier **dispositivo inteligente**. Solo necesitas Wi-Fi. Accede en casa en una computadora o smart TV. Usa tabletas o teléfonos inteligentes cuando estás en otro lado. Hasta puedes usar sistemas de videojuegos. Muchos dispositivos vienen con la app de Netflix. También puedes **descargarla**.

Puedes mirar Netflix en cualquier lugar.

Netflix comenzó su servicio de streaming en 2007. Envió su último DVD en septiembre de 2023.

¿Qué puedo mirar?

De todo. Netflix ofrece cientos de películas y series de TV. Tiene dibujos animados y conciertos. También ofrece contenido original. Son programas hechos por Netflix. El menú principal facilita la búsqueda. ¡Simplemente busca algo para mirar!

La frase de Netflix es "See what's next!" (Mira lo que sigue). Siempre hay algo emocionante para mirar.

¿SABÍAS QUE...?

La mayoría de las cadenas de TV hacen que los espectadores esperen una semana para ver el siguiente episodio. Netflix lanza temporadas completas de una sola vez.

La familia Mitchell vs. las Máquinas (2021)

¿Qué contenido original puedo encontrar?

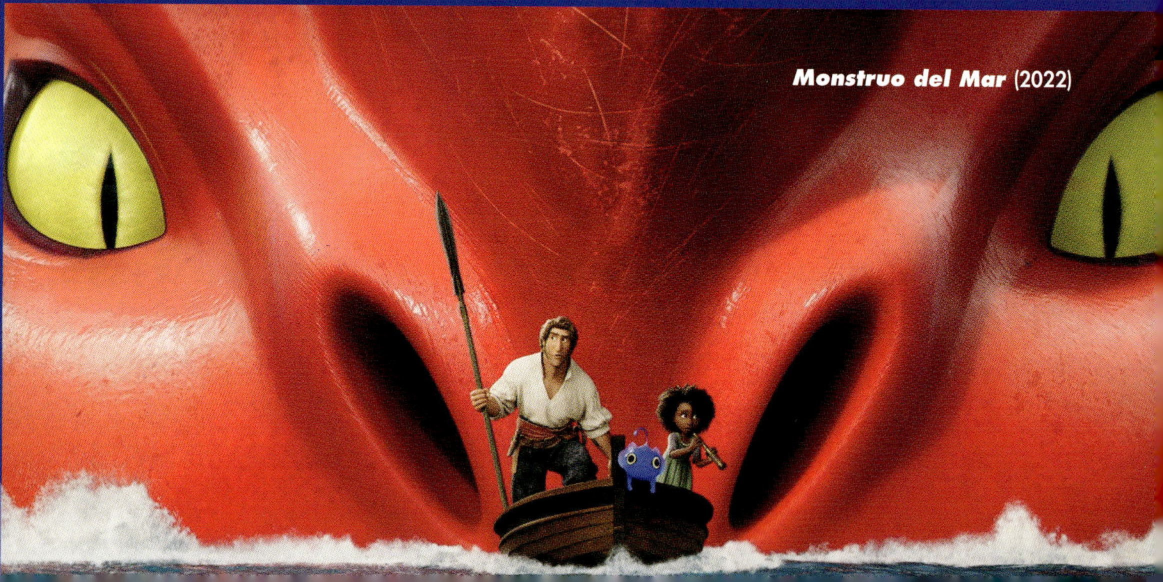

Monstruo del Mar (2022)

GRANDES ÉXITOS:
Hasta 2024, *Merlina* y *Stranger Things* eran dos de las series más populares de Netflix.

Merlina (2022–)

Hay series de TV, películas y especiales. Netflix ofrece más de 3600 títulos originales. La primera serie original fue la serie para adultos *House of Cards* en 2012. Los programas de Netflix son creativos. Algunos tienen tramas sorprendentes. Son muy populares entre los espectadores. Los originales de Netflix ganaron muchos premios.

Stranger Things (2016–2025)

¿Por qué mi menú tiene solo series de misterio?

Netflix hace un seguimiento de lo que ves. Tal vez solo escoges contenido de misterio. Tu menú sugiere otras cosas que podrían gustarte. A algunos espectadores estas listas les resultan demasiado aburridas. Quieren una mezcla de opciones. ¿Quieres mirar algo totalmente diferente? Prueba con un menú oculto.

ABRIR UN MENÚ OCULTO

DIRÍGETE A...

Netflix-Codes.com

Mira las listas en Netflix-codes.com. Ingresa el código en un navegador para abrir el menú.

Para "Películas basadas en libros infantiles", escribe: https://netflix.com/browse/genre/10056

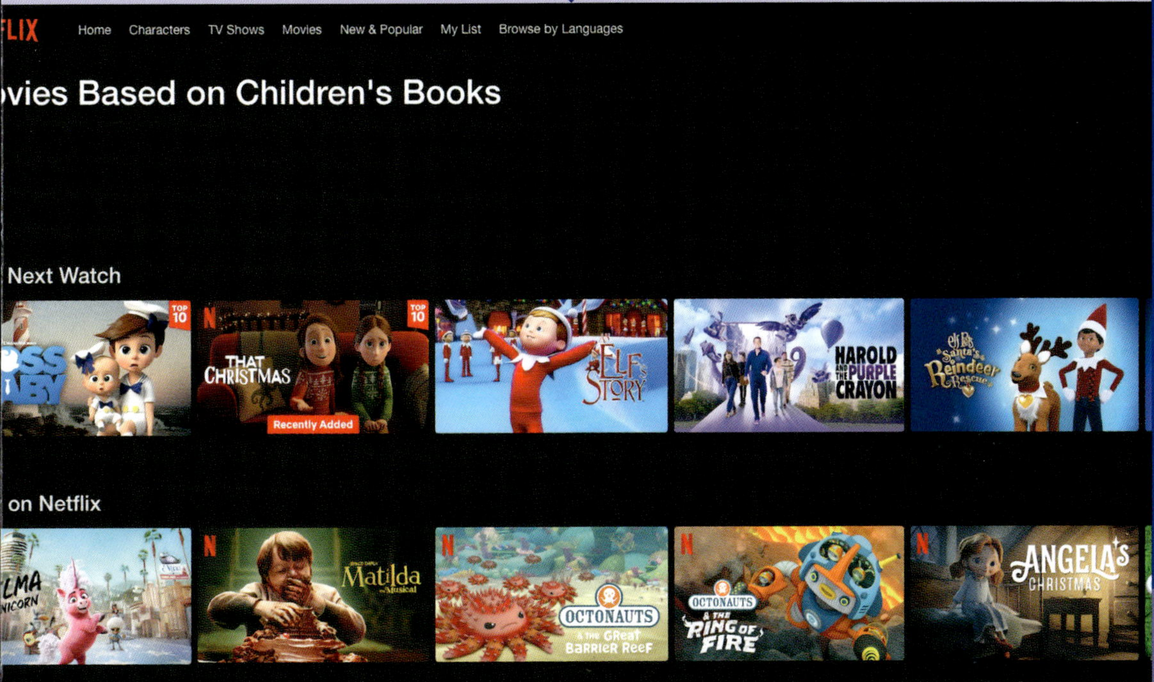

CAPÍTULO TRES 3

¿Podría yo actuar en una serie de Netflix?

Netflix ayudó a Finn Wolfhard y Millie Bobby Brown a volverse famosos.

¡Tal vez! A Netflix le gusta buscar rostros nuevos. Así es como Millie Bobby Brown se volvió famosa: personificó a Eleven en la serie *Stranger Things*. Su compañero de elenco Finn Wolfhard también empezó de esta manera. ¡Podrías ser la próxima estrella revelación!

ESTRELLAS REVELACIÓN DE NETFLIX

Jenna Ortega - *Merlina*

Jacob Elordi - *El stand de los besos*

Aidan Gallagher - *The Umbrella Academy*

Anna Cathcart - *Besos, Kitty*

Walker Scobell - *El proyecto Adam*

¿Me quedaré sin cosas para mirar?

Es poco probable. Netflix tiene más de 18,000 opciones. Y agrega más todos los meses. Su enorme biblioteca de programas originales sigue creciendo. Los programas en vivo están llenos de sorpresas. Siempre habrá algo nuevo para mirar. ¡Mira lo que sigue!

¿NO HAY WI-FI? ¡NO HAY PROBLEMA!

Netflix te permite descargar programas y películas para mirarlos después.

¡MANTÉN TU CURIOSIDAD!

HAZ MÁS PREGUNTAS

¿Cómo puedo encontrar las novedades en Netflix?

¿Cuáles son las series más populares en Netflix ahora?

Prueba con una PREGUNTA GRANDE: ¿Por qué es peligroso hacer una maratón de series?

BUSCA LAS RESPUESTAS

Busca en el catálogo de la biblioteca o en Internet.
Pueden ayudarte tus padres, un bibliotecario o un maestro.

Usar palabras clave
Busca la lupa.

Las palabras clave son las palabras más importantes de tu pregunta.

Si quieres saber sobre

- nuevo contenido en Netflix, escribe: NUEVO EN NETFLIX
- los programas más vistos de Netflix, escribe: SHOWS PRINCIPALES EN NETFLIX

GLOSARIO

a demanda Disponible en el momento que se quiere.

cadena Un grupo de estaciones de televisión, como ABC, NBC y CBS.

descarga Un archivo informático que se envía de un dispositivo a otro.

dispositivo inteligente Un equipo electrónico que usa Internet.

DVD Abreviatura de disco de video digital; las películas se graban en DVD.

episodio Una parte de un programa de televisión que se transmite por separado como parte de una serie más larga.

streaming Un flujo continuo de datos que se envía a una computadora por Internet.

ÍNDICE

Acerca de la autora

Rachel Grack es editora y escritora de libros para niños desde 1999. Vive en un pequeño rancho en el sur de Arizona. Como buena amante de las historias, lleva a Disney en su corazón. Disfruta ver cómo sus nietos juegan los juegos de Pokémon en su consola Nintendo 64.